すぐにあきたり、ねむったり、急にうごいたり、夢中になったり、猫はとっても気まぐれ。そんな猫たちによって日本の歴史はどうつくられたのか??ゆる〜く歴史が学べる（かもしれない）猫コメディー!!

あらすじ
歴史上の偉人がみ〜んな猫に!?

猫じゃらしで国を治める卑弥呼、バリバリ爪をといではたらく聖徳太子、『猫氏物語』を書く紫式部、お猿さんを連れて歩く織田信長、地球儀に飛びつく坂本龍馬…。日本の歴史上には様々な偉大な猫たちがいた!!

もくじ

- P2 ……… あらすじ
- P6 ……… 弥生時代～飛鳥時代
- P12 ……… ねこねこぬりえ・まちがいさがし①
- P14 ……… 平安時代
- P20 ……… ねこねこぬりえ・まちがいさがし②
- P22 ……… 鎌倉時代
- P26 ……… ねこねこぬりえ・まちがいさがし③

- P28 ……… 室町時代〜安土桃山時代
- P34 ……… ねこねこぬりえ・まちがいさがし④
- P36 ……… 安土桃山時代
- P46 ……… ねこねこぬりえ・まちがいさがし⑤
- P48 ……… 江戸時代
- P56 ……… ねこねこぬりえ・まちがいさがし⑥
- P58 ……… まちがいさがしのこたえ
- P60 ……… ねこねこエンドカード・ギャラリー
- P62 ……… キャスト・スタッフ

弥生時代

「争いはやめニャさ〜い!!」

邪馬台国の女王
卑弥呼

| 生没年 | 不明〜247年頃 | 特技 | おまじない |

猫じゃらしを使って争う猫たちをたばね、邪馬台国のリーダーとなった女王様。猫タワーの中で、爪をとぐおまじないをして国を治めていたよ。卑弥呼が猫じゃらしをゆらすと、みんな眠くなっちゃう。

弥生時代

難升米
魏への使者
水を怖がっていたけど、ぶじに魏にわたって国王に会ってきた。

魏の国王
魏のえらい王様
紙袋をあげただけで喜んでくれた。お礼として金印をくれる。

卑弥呼の弟
姉をささえる弟
邪馬台国が平和であるように、卑弥呼を手伝っていた。

飛鳥時代

聖徳太子
政治を行うスーパーキャット

「バリバリはたらくニャ〜!!」

生没年 574年〜622年　**特技** 聞き分け

生まれたときから大人のようにしゃべれた天才。スーパーキャットとして、推古天皇を助けていたよ。首輪で階級をわけたり、役人が守るルールを17個決めたり、新しいことをして、りっぱな政治を行っていた。

用明天皇

聖徳太子のお父さん

聖徳太子が生まれると、その天才ぶりを喜んでハシャいでいたよ。

穴穂部間人皇女

聖徳太子のお母さん

厩戸(馬小屋)で聖徳太子を産んだともいわれているよ。

刀自古郎女

聖徳太子の奥さん

はたらき者の聖徳太子をハラハラしながら、見守っていた。

飛鳥時代

推古天皇

初の女性天皇

聖徳太子の才能を見ぬいて、
バリバリはたらくよう命じたよ。

蘇我馬子

聖徳太子のおじさん

推古天皇を助けて、聖徳太子と
いっしょに政治を行っていた。

飛鳥時代

小野妹子
遣隋使
名前は「妹子」だけど男の子。
手紙を隋の煬帝にわたしたよ。

煬帝
隋の皇帝
聖徳太子が書いた失礼(!?)な手紙を読んでも、怒らないでくれた。

ねこねこ・まちがいさがし

下の絵は上の絵と何かが違うみたい。
違いは５つあるよ。さがしてみよう!!

答えは58ページにあるよ！

ねこねこ・ぬりえ ①

キャラクターたちに自由に色をぬってみよう!!

平安時代

藤原道長

ナンバー1の大貴族

「テッペンとったどー!!」

生没年 966年〜1027年　**興味** 出世競争

平安時代の貴族。きびしい出世競争の中、下の方から上へと登りつめていった。おつとめが終わると、囲碁をしたり、蹴鞠をしたり、猫らしく遊んでいる。ラップで喜びのうたを歌うよ。

平安時代

彰子
藤原道長のむすめ
大きくなってから、天皇の奥さんになる。紫式部に勉強を教わっていた。

倫子
藤原道長の奥さん
道長が出世することを夢見ている。新鮮でおいしい魚が食べたい。

藤原伊周
藤原道長の甥っ子
道長と同じく上の地位をねらって争ったものの、負けてしまう。

◆平安時代

紫式部

大長編を書いた文学少女

「おもしろいものを書くニャ!!」

生没年 973年(?)〜1014年(?) **特技** 小説書き

有名なお話『猫氏物語』を書いた猫。とっても文章を書くのが上手で、才能にあふれていた。男の子からもモテモテでラブレターがいっぱいとどいていたよ。あきっぽい性格だけど、『猫氏物語』は54巻まで書き続けた。

平安時代

清少納言
紫式部のライバル
思ったことをありのまま書いた
『枕猫草子』という作品の作者。

定子
藤原伊周の妹
彰子とはライバルのような関係。
清少納言に勉強を教わる。

平安時代

藤原宣孝（ふじわらのぶたか）
紫式部の旦那さん

フラれてもフラれてもめげずに何度も紫式部にプロポーズした。

藤原為時（ふじわらのためとき）
紫式部のお父さん

気が強いむすめにハラハラしながら、その才能に期待していた。

藤原惟規（ふじわらのぶのり）
紫式部の弟

文章をスラスラ読める紫式部に比べて、勉強はできないようす。

平安時代

猫氏物語

本当は『源氏物語』

光源氏の宮中での生活と恋愛が書かれた小説。全54巻もある大長編。

光源氏

『猫氏物語』の主人公

ビックリするようなイケメンで、女の子からモテモテな貴公子。

ねこねこ・まちがいさがし

下の絵は上の絵と何かが違うみたい。
違いは５つあるよ。さがしてみよう!!

答えは58ページにあるよ！

ねこねこ・ぬりえ 2

キャラクターたちに自由に色をぬってみよう!!

鎌倉時代

源頼朝

鎌倉幕府をひらいた初代将軍

「平氏猫打倒に立ち上がるニャ‼」

| 生没年 1147年〜1199年 | 性格 注意ぶかい |

鎌倉幕府をひらき、征夷大将軍になった武士。兵をあげ、義経たちといっしょに平氏猫と戦った。小さいころにとらわれていたせいか、とにかく慎重な性格。ちくわが好きで、政子の用意したちくわも全部食べちゃうほど。

北条政子
源頼朝の奥さん

慎重で臆病な頼朝をはげまして、平氏猫打倒へと送り出した。

上総介広常
頼朝の家臣

頼朝が兵をあげるときに参加し、たくさんの味方を連れて来た。

鎌倉時代

源義経(みなもとのよしつね)

平氏猫を倒した戦の大天才

「にいちゃん…」

生没年 1159年〜1189年　　**特技** 八艘跳び

頼朝の弟で、連戦連勝の天才武将。平氏猫を倒すための戦いで大活躍したんだけど、最後はお兄ちゃんの頼朝と仲が悪くなってしまう。兄弟の感動の再会でも、頼朝の水鳥を盗んじゃうように、盗みぐせあり。

鎌倉時代

平清盛
たいらの きよ もり

平氏猫のリーダー

「平氏にあらずんば猫にあらず」
と言ってしまい、恨みをかった。

平維盛
たいらの これ もり

平清盛の孫

水鳥の羽音でにげ出すくらい臆病
な性格。戦いは苦手だった。

ねこねこ・まちがいさがし

下の絵は上の絵と何かが違うみたい。
違いは5つあるよ。さがしてみよう!!

答えは58ページにあるよ！

ねこねこ・ぬりえ 3

キャラクターたちに自由に色をぬってみよう!!

室町時代

武田信玄
戦国時代の最強武将

「甲斐の虎、貝の虎、…シャイなオラ!!」

生没年 1521年〜1573年　　**あだ名** 甲斐の虎

甲斐国（今の山梨県）の武将で、すご〜く強かった猫。軍旗に「風林火山」と書き、うちわのような軍配を持って、キバ隊をひきいていたよ。上杉謙信とは5回戦ってすべて引き分けたくらい、ライバル関係にある。

室町時代

上杉謙信

武田信玄のライバル

敵になぜか塩を送る武将。毘沙門天の生まれかわりだと思っている。

山本勘助

天才軍師

武田信玄の家臣。隻眼の軍師で、「キツツキ戦法」を編み出した。

👤 安土桃山時代

織田信長

天下をねらった大武将

「天下を統一するニャー!!」

生没年 1534年〜1582年　**あだ名** 大うつけ

小さいころは「大うつけ(大バカ者)」とよばれていた乱暴者。そんな男の子が大人になると、天下統一をねらう大武将に成長する。順調に勢力を広げていたが、「本能寺の変」がおこって炎につつまれる。

安土桃山時代

織田信秀
織田信長のお父さん
暴れ者だった子どもの信長をよくしかっていたきびしいお父さん。

織田信行
織田信長の弟
ごはんを食べようとして荒らされたりと、信長にいじめられていた。

蘭丸
信長の家臣
「本能寺の変」では炎の中にいる信長が踊っていると思いこんだ。

♣ 安土桃山時代

豊臣秀吉
天下統一した猿
猿語は理解されないながらも、信長につかえて大活躍していたよ。

明智光秀
信長を裏切った家臣
信長に恨みがあって、「本能寺の変」という事件をおこしたよ。

安土桃山時代

今川義元
駿河・遠江・三河の武将
「桶狭間の戦い」で信長と戦うも、
奇襲攻撃をうけて敗れてしまう。

武田勝頼
武田信玄のむすこ
キバ軍団をひきいた「長篠の戦い」
で、信長の鉄砲隊に負ける。

ねこねこ・まちがいさがし

下の絵は上の絵と何かが違うみたい。
違いは5つあるよ。さがしてみよう!!

答えは59ページにあるよ！

ねこねこ・ぬりえ 4

キャラクターたちに自由に色をぬってみよう!!

安土桃山時代

伊達政宗

「独眼竜」とよばれた武将

「からの〜食べごろバナナ!!」

生没年 1567年〜1636年　**特徴** おしゃれ

今の東北地方を治めていた武将。右目がなかったため、「独眼竜」とよばれていたよ。三日月のカブトをつけたり、白装束をきたり、バナナをかぶったり、派手な服装で周りをよく驚かせていた。とってもおしゃれ。

安土桃山時代

片倉小十郎
伊達政宗の家臣
政宗から信頼されていて、政宗をそばでささえていたよ。

黒脛巾組
政宗の忍者隊
猿の興味を引きつけるように、政宗の指示でバナナを頭にかぶった。

安土桃山時代

蘆名義広
東北地方南部の大名
「摺上原の戦い」で、伊達軍のペットボトル作戦に敗れる。

義姫
伊達政宗のお母さん
政宗に食べさせたずんだ餅が、政宗ののどにつまってしまった。

伊達小次郎
伊達政宗の弟
餅をつまらせた政宗にぶつかり、城の外に飛んでいった。

安土桃山時代

真田幸村

戦で輝く「日本一の兵」

「干してるのにやめるニャ〜〜!!」

生没年 1567年〜1615年　**好物** カリカリ

うっかり屋さんの迷武将。銭をひろおうとして敵を倒してしまったり、猫じゃらしで敵を足どめしたりと、なぜか強い。チョウチョやカエルなど、うごく生き物につられて追いかけてしまう習性をもつ。

安土桃山時代

真田信幸
真田幸村のお兄ちゃん

まじめな男。「関ヶ原の戦い」では幸村・昌幸とわかれた。

真田昌幸
信幸・幸村のお父さん

敵だった徳川家康にも、トリプルごめんねこをして許してもらった。

安土桃山時代

前田利家
豊臣秀吉の大大名
転がってきた真田軍に巻きこまれて、いっしょに北条家を倒した。

猿飛サスケ
真田十勇士の一人
真田家につかえる忍びの猿。
身軽にピョンピョン跳び回るよ。

安土桃山時代

徳川家康
天下の苦労人

「ついにワシの時代じゃー!!」

生没年 1542年〜1616年　**特徴** 健康オタク

江戸幕府を開いた初代将軍。苦労して苦労して最後に天下をとった。白ヒゲが生えて、ハゲもできているのはそのせいだよ。家康から始まる江戸時代は300年続いて、天下泰平の世の中になったといわれるよ。

安土桃山時代

本多忠勝
徳川四天王の一人
家康が特に信頼していた家臣。
シカの角のついたカブトをかぶる。

本多正信
家康の老家臣
小さいころから徳川家康につかえ
ていた男。猫じゃらしに弱い。

安土桃山時代

石田三成（いしだみつなり）

「関ヶ原の戦い」西軍大将

豊臣秀吉の一番の家臣。秀吉への忠誠心が強くて最後まで戦ったよ。

島左近（しまさこん）

石田三成の家臣

ねずみの着ぐるみを着て、東軍を罠にはめた。三成一番の家臣。

安土桃山時代

小早川秀秋

西軍を裏切った大名

日なたを求めて動いたせいで、
西軍なのに三成を倒しちゃった。

徳川秀忠

家康のむすこ

武将としては頼りないところが
ある。猫じゃらしに心奪われる。

ねこねこ・まちがいさがし

下の絵は上の絵と何かが違うみたい。
違いは5つあるよ。さがしてみよう!!

答えは59ページにあるよ!

ねこねこ・ぬりえ 5

キャラクターたちに自由に色をぬってみよう!!

🐾 江戸時代

坂本龍馬

新しい日本をつくった革命猫

「異国の猫ぜよ!!」

生没年 1835年〜1867年　**好きな物** ブーツ

好奇心旺盛でいろんなことにどんどん首をつっこむ猫。江戸に出て黒船を見てから、日本の未来を考えて行動するようになる。薩長連合を取り結んだり、会社をつくったり、幕末の激動の時代に大活躍したよ。

江戸時代

さな子

女剣士

千葉道場のむすめで、剣の腕が立つ。
龍馬とは道場で出会ったよ。

お龍

龍馬の奥さん

「寺田屋事件」で龍馬がピンチになったときに、救ってくれた。

江戸時代

勝海舟

幕府の役人

坂本龍馬の師匠。日本の将来について先のことまで考えていた。

武市半平太

土佐藩のえらい志士

武市に威嚇された衝撃のあまり、龍馬は脱藩してしまった。

江戸時代

西郷隆盛
薩摩藩のリーダー
体がものすごく大きい猫。背中にのると、とっても気持ちいい。

桂小五郎
長州藩のリーダー
斬り合いが嫌いで、戦いをさけていたため「逃げの小五郎」とよばれる。

江戸時代

ペリー

日本に来たアメリカ猫

黒い船に乗って日本にやって来たアメリカン・ショートヘア。

異国猫

いろんな外国猫

日本に来たいろんな国の猫たち。昔は外国を異国とよんでいたよ。

江戸時代

新選組の局長 近藤勇

「グーの手が口に入るぞ〜」

生没年 1834年〜1868年　**特徴** 口が大きい

新選組の親分。農家に生まれたけど、武士となって新選組をひきいた。天皇のいる京(今の京都)で悪さをする者がいないかパトロールしていたんだよ。「池田屋事件」では、愛刀の虎徹を使って大活躍した。

江戸時代

沖田総司
新選組一番隊組長

本当は強い剣士なのに、かわいいからなめられがちな猫ちゃん。

土方歳三
鬼の副長

イケメンなのに、短気で怖い猫。でも、意外とうっかりさん!?

江戸時代

芹沢鴨
新選組元局長

新選組でえらかったカモ。
暴れまわるので成敗されちゃった。

山南敬介
新選組総長

新選組の掟で脱走は禁止されていたのに、脱走癖を出してしまう。

ねこねこ・まちがいさがし

下の絵は上の絵と何かが違うみたい。
違いは5つあるよ。さがしてみよう!!

答えは59ページにあるよ！

ねこねこ・ぬりえ 6

キャラクターたちに自由に色をぬってみよう!!

まちがいさがしのこたえ

もんだいは
12ページに
あるよ！

もんだいは
20ページに
あるよ！

もんだいは
26ページに
あるよ！

赤丸がついているところがまちがいだよ！
見なおしてみよう!!

いくつ
わかったかな!?

もんだいは
34ページに
あるよ!

もんだいは
46ページに
あるよ!

もんだいは
56ページに
あるよ!

『ねこねこ日本史』エンドカード・ギャラリー

放送タイトル

第1話「女王、卑弥呼!」
第2話「その猫、織田信長!」
第3話「幕末に龍馬あり!〜青春編〜」
第4話「スーパーキャット、聖徳太子!」
第5話「新選組、疾風伝!」
第6話「家康は天下の苦労人!〜関ヶ原編〜」
第7話「戦上手、真田幸村!〜迷走!?編〜」
第8話「平安絵巻、紫式部!」
第9話「源頼朝、鎌倉に立つ!」
第10話「がんばれ、藤原道長!」
第11話「無敵、武田信玄伝説!」
第12話「おしゃれ独眼竜政宗!〜大ピンチ編〜」
第13話「幕末に龍馬あり!〜ねこねこの夜明け編〜」

『ねこねこ日本史』キャスト・スタッフ

ナレーション　　山寺 宏一

キャスト　　小林 ゆう
　　　　　　浜添 伸也　　三谷 翔子　　真木 駿一　　佐々木 義人
　　　　　　大森 日雅　　太田 悠介　　小野寺 瑠奈　木内 太郎
　　　　　　咲々木 瞳　　郷田 翼

ゲスト　　秋本 帆華　　三代目パークマンサー

原作　　そにしけんじ

プロデューサー　　山田 周　　吉國勲

取材協力　　酒寄 雅志

監督　　河村 友宏

シリーズ構成　　高田 亮
脚本　　清水 匡

キャラクターデザイン　　河村 友宏　蝦名 芙美
演出　　甲田 周平　　及川 愛美　　蝦名 芙美
　　　　深瀬 沙哉　　永富 佳保里　さかした よしのぶ
　　　　立花 賢　　　古屋 勝悟　　松本 彩音
作画　　秋穂 範子　　一色 あづる　さかした よしのぶ
　　　　松下 佳弘　　石毛 かほり　岩堀 智美
　　　　今井 香里　　岩崎 ヨーコ　神戸 環
　　　　渕上 莉左　　松本 彩音

音楽　　KOSEN
協力プロデューサー　　安藤 日出孝

主題歌　　「Chérie!」
　歌　　　　　　チームしゃちほこ
　作詞・作曲　　SAKRA
　編曲　　　　　CMJK

音響監督　　小泉 紀介
録音　　山田 均
効果　　武藤 晶子
音響制作担当　　阿部 秀平
アニメーション制作担当　　小熊 由香
アニメーションプロデューサー　　小佐畑 和

アニメーション制作　　クレスコモーションデザイン
　　　　　　　　　　　　NEFT FILM

企画　　小池 賢太郎　　弓矢 政法　　木下 直哉
　　　　吉田 隆　　　　岡田 秀信　　押田 敦
　　　　神代 匡志　　　藤山 房伸　　牧 和男
　　　　植野 晴心

制作　　ジョーカーフィルムズ

製作・著作　　「ねこねこ日本史」製作委員会

2016年11月11日　初版第1刷発行
2018年　5月22日　　　第3刷発行

原　作	そにしけんじ
絵	ジョーカーフィルムズ
発行者	岩野裕一
発行所	実業之日本社

　　　　　〒153-0044　東京都目黒区大橋1-5-1　クロスエアタワー8階

　　　　　【編集部】03-6809-0473

　　　　　【販売部】03-6809-0495

印刷製本　　大日本印刷株式会社

デザイン／吉田有希（growerDESIGN）
編集／木下衛

Printed in Japan　ISBN978-4-408-41443-0(第二漫画)
© 2016 Kenji Sonishi
© 2016 Meow Meow Japanese History Film Partner

実業之日本社ホームページ　http://www.j-n.co.jp/
落丁・乱丁の場合は小社でお取り換えいたします。

●実業之日本社のプライバシー・ポリシー（個人情報の取り扱い）は上記アドレスのホームページをご覧ください。
●本書の一部あるいは全部を無断で複写・複製(コピー、スキャン、デジタル化等)・転載することは、法律で認められた場合を除き、禁じられています。また、購入者以外の第三者による本書のいかなる電子複製も一切認められておりません。